À TRÈS **PETITS PAS**

Le sport

Directrice de collection : Claire Laurens
Édition simplifiée de *Le Sport à petits pas,* Actes Sud, 2009
Éditrice : Isabelle Péhourticq assistée de Marine Tasso
Directeur de création : Kamy Pakdel
Directeur artistique : Guillaume Berga
Maquette : Christelle Grossin
© Actes Sud, 2014
ISBN : 978-2-330-02722-3
Loi 49-956 du 16 juillet 1949 sur les publications destinées à la jeunesse.
Reproduit et achevé d'imprimer en décembre 2013 par l'imprimerie Pollina à Luçon - L66694B
pour le compte des éditions ACTES SUD, Le Méjan, Place Nina-Berberova, 13200 Arles
Dépôt légal 1ʳᵉ édition : janvier 2014

Le sport

BÉNÉDICTE MATHIEU ET MYRTILLE RAMBION

Illustrations : AURÉLIEN DÉBAT

ACTES SUD
JUNIOR

Depuis quand fait-on du sport ?

Le sport était déjà très populaire dans la Grèce antique, il y a près de 3 000 ans. C'est même à cette époque que les Jeux olympiques ont été inventés.

Les premiers Jeux olympiques

Ils ont lieu **en Grèce** vers 776 avant Jésus-Christ. Organisés dans la ville d'**Olympie** tous les deux ou quatre ans en l'honneur du dieu Zeus, ils opposent des villes comme Athènes ou Sparte. Les Grecs organisent aussi des jeux en l'honneur d'autres dieux : Poséidon, dieu de la mer, ou Apollon, dieu de la beauté et de la lumière.

Sport et... poésie

Les athlètes font la **course**, sautent, luttent, lancent le **disque** et le **javelot**. Il existe aussi des épreuves artistiques comme la musique ou la poésie. Seuls les hommes peuvent y participer. Les femmes mariées n'ont pas le droit d'y assister. Ces jeux ont eu lieu pendant plus de mille ans. Ils ont disparu en 394 apr. J.-C.

CONNAIS-TU LE MARATHON ?

C'est une course à pied de 42,195 km.
Son nom vient d'une ville grecque. Une bataille y opposa les Grecs et les Perses, en 490 av. J.-C. Le soldat Philippidès courut jusqu'à Athènes, à 42,195 km de là, pour annoncer la victoire des Grecs. Puis, épuisé, il mourut.

De quand datent les Jeux olympiques modernes ?

Les Jeux olympiques refont leur apparition à la fin du XIXᵉ siècle grâce au baron Pierre de Coubertin.

Les nouveaux Jeux olympiques

Pierre de Coubertin veut redonner vie aux Jeux pour que les jeunes de différents pays se rencontrent. Il écrit la devise des J.O. : **"Plus vite, plus haut, plus fort"**.
Les premiers jeux modernes ont lieu à Athènes, en 1896.
Les Jeux d'hiver commencent à Chamonix en 1924.
Au début, ils ont lieu la même année que les Jeux d'été.
Désormais, ils se déroulent deux ans après.

Les sports olympiques

Il y en a une trentaine. Pour être olympique, il faut qu'un sport soit pratiqué dans de nombreux pays. Régulièrement, de nouvelles disciplines deviennent olympiques. C'est le cas du **triathlon** (un sport qui combine natation, vélo et course à pied) ou le **skeleton** (la luge la tête en avant).

J'ai inventé la boxe sur glace, je peux participer aux J.O.?

Comment choisit-on la ville olympique ?

Dix ans avant la date des Jeux, des villes du monde entier proposent leur candidature. Le **Comité international olympique** (CIO) élit la gagnante sept ans avant le rendez-vous. Pour recevoir le public venu des quatre coins de la planète, elle doit améliorer les routes, construire des stades et le village des athlètes.

Ben maintenant il va falloir loger tous ces jeunes ....

Qui a inventé le football ?

Dans l'Antiquité, les Grecs, les Romains et les Chinois jouaient déjà à des jeux de balle. Ces sports se pratiquaient aussi bien au pied qu'à la main.

La soule

Ce sport existe en Europe au Moyen Âge. Il consiste à porter dans le camp de l'adversaire un ballon de foin ou d'osier. La soule n'a pas de règles et peut être très violente. En Angleterre, au XIXᵉ siècle, elle va donner naissance à deux sports : le **football** et le **rugby**.

Le football

Les premières règles sont écrites par les Anglais,
en 1848. Puis le football évolue. On décide
qu'il se jouera seulement au **pied**,
alors que le rugby se joue au pied
et à la main. Des nouveautés
apparaissent : le sifflet de l'arbitre,
le penalty, les filets
entre les poteaux
pour arrêter le ballon...

L'ANCÊTRE DU TENNIS

Comme le football, le tennis vient
d'un sport plus ancien. Le **jeu de paume**
consistait à taper une balle avec la paume
de la main. Au XVe siècle, on a l'idée d'utiliser
des cadres en bois pour la relancer :
ce sont les premières raquettes !

4

Pratique-t-on les mêmes sports dans tous les pays ?

Pas tout à fait. Le sport a ses particularités dans le monde entier.

• Aux États-Unis, le football se joue à la main et au pied : nous l'appelons le football américain. Là-bas, notre football à nous s'appelle **le soccer**. Les Américains sont aussi parmi les meilleurs en baseball.

• **Le hockey sur gazon** est très populaire en Australie comme le footy, un croisement de foot et de rugby. L'autre sport important du pays est le cricket.

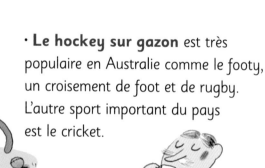

• **Le cricket** est un sport très répandu en Inde et Australie. Il se joue avec une batte et une balle. Les parties peuvent durer plusieurs jours.

• L'Irlande pratique **le football gaélique**.
C'est un mélange de football et de rugby qui se joue
avec un ballon rond sur un terrain rectangulaire
avec des buts en forme de H.

• Au Japon, il y a **le sumo**,
une forme de lutte entre
deux hommes. Et aussi
de nombreux **arts martiaux**
comme le judo, le karaté,
l'aïkido.

CHACUN SON PANIER

Les règles du basket sont différentes en Europe
et aux États-Unis. Un joueur français a 25 secondes
pour tenter un panier. Un Américain n'a que
20 secondes.

Comment devenir champion du monde ?

Il faut d'abord devenir un sportif
de haut niveau pour représenter ton club,
ton département, ta région ou ton pays
dans les compétitions.

Adhérer à un club

Dès l'enfance, tu peux devenir membre d'un club
et d'une fédération pour t'entraîner. C'est dans
les clubs que les professionnels du sport repèrent
les jeunes les plus prometteurs et leur proposent
de pratiquer leur discipline à un haut niveau.

Petit poussin deviendra grand

Dans chaque sport, des sélections
sont organisées régulièrement.
Ces compétitions correspondent
aux différentes catégories d'âge.
Dans l'ordre : **poussins, benjamins,
minimes, cadets, juniors et seniors**
(la catégorie des adultes).

Les nids à champions

Parfois, les jeunes sportifs rejoignent des **centres
de formation**. Ils y suivent un entraînement intense.
Les grands clubs de football
possèdent leur propre centre
de formation dans lequel
ils entraînent leurs futures
recrues.

Quels sont les grands événements sportifs ?

Le but d'un sportif de haut niveau est de représenter son pays dans les compétitions internationales.

Tous les pays organisent des compétitions

En France, le rêve d'un athlète est de participer
au championnat de France, puis au championnat
d'Europe, au championnat du monde
ou aux Jeux olympiques dans sa discipline.

Les coupes et les trophées

D'autres grands rendez-vous regroupent les meilleurs
du monde dans chaque sport. Par exemple :
• **la Coupe du monde** pour le football ou le rugby,
• **le Tour de France** pour le cyclisme,
• les tournois du **Grand Chelem** comme Roland-
Garros pour le tennis,
• le rallye de Monte-Carlo ou le **Dakar** pour la course
automobile,
• **la Route du Rhum**, le Vendée Globe ou la Coupe
de l'America pour la voile.

C'est quoi le dopage ?

Le dopage consiste à prendre
des produits pour être moins fatigué
ou pour avoir plus de muscles
que les autres. C'est illégal !

Ces produits permettent
aux sportifs de tricher
• Les **anabolisants** facilitent
le développement des muscles.
• Les **corticoïdes** évitent
que l'effort fasse trop mal.
• Les **excitants** stimulent le corps.
• Le plus connu est l'**EPO**
(érythropoïétine), un médicament
qui permet d'apporter
de l'oxygène dans le sang
et d'être plus endurant.

Ils sont interdits

Ils peuvent entraîner des effets graves et même
la mort. Pourtant, des sportifs les utilisent en cachette.
Pour éviter cela, on pratique des **contrôles
antidopage** : ces examens permettent
de détecter les substances
contenues dans
le sang ou l'urine
des sportifs.

L'AFFAIRE BEN JOHNSON

En 1988, lors des Jeux olympiques, ce sprinteur
canadien améliore le record du monde du 100 mètres.
Puis un contrôle révèle qu'il avait pris un anabolisant.
Son record a été annulé.

Le sport est-il bon pour la santé ?

L'activité physique est bonne à la fois pour le corps et pour le cerveau.

Un esprit sain...

Le sport permet de connaître
ses limites. Il t'apprend à respecter
des règles et à respecter les autres.
C'est pourquoi il tient une place
importante dans l'éducation.
En France, l'éducation physique
et sportive (EPS) est obligatoire
à l'école depuis 1869.

... dans un corps sain

La pratique d'une activité physique permet
à notre corps de s'user moins vite, car on fait travailler
son cœur, ses poumons et ses muscles. Grâce
au sport, on acquiert un bon équilibre et on évacue
la tension après une journée d'école ou de travail.

Le sport, mais en douceur

Sinon, gare aux blessures ! Il faut
s'échauffer avant l'effort. Si tu as
un point de côté quand tu cours,
cela veut dire que tu es parti trop vite
et que tu respires mal : ralentis et souffle.

Comment choisir un sport ?

Que tu sois une fille ou un garçon, il y a sûrement une discipline qui te correspond.

Les sports collectifs

Le football, le handball, le basket, le volley ou le rugby demandent de la force, de la vitesse et de l'endurance. Leur devise, c'est "tous pour un" : il faut s'identifier à l'équipe et respecter la tactique mise au point ensemble. Si tu es plutôt solitaire, un sport d'équipe peut t'aider à t'ouvrir aux autres et à trouver des copains.

Les sports individuels

Au tennis, au tennis de table,
au judo, au karaté, tu ne dois
la victoire ou la défaite qu'à toi-même
(et à ton adversaire). Il faut être
patient et ne pas avoir peur d'être
seul pour prendre
les bonnes
décisions.

LE FOOT, PAS POUR LES FILLES ?

En France, le foot est considéré comme
un sport de garçons. Aux États-Unis,
c'est le contraire : l'équipe féminine
est plusieurs fois championne
du monde et championne olympique !

Peut-on faire du sport avec un handicap ?

Oui : en France par exemple, des milliers d'athlètes handicapés pratiquent une activité sportive.

Comment ça se passe ?

En se déplaçant en **fauteuil roulant**, on peut jouer au basket ou au tennis, pratiquer l'escrime ou le rugby. Un **athlète aveugle** peut aussi courir sur une piste avec l'aide d'un guide qui court à ses côtés.

Le handisport

On appelle handisport un sport dont les règles ont été aménagées pour qu'il puisse être pratiqué par des personnes ayant un handicap physique ou sensoriel. La Fédération française handisport compte une trentaine de disciplines, dont l'athlétisme, le cyclisme, la natation et le ski.

Les Jeux paralympiques

Ces Jeux ont lieu deux semaines après la fin des Jeux olympiques. En 2012, à Londres, **l'équipe de France paralympique** a remporté 45 médailles dont 8 en or.

Quels sont les métiers du sport ?

De nombreux métiers offrent la possibilité de travailler dans le monde du sport. La plupart nécessitent de passer d'abord un diplôme.

Des métiers variés

• **professeur d'EPS** (éducation physique et sportive) : il enseigne le sport aux élèves de collège ou de lycée.

• **médecin du sport** : il soigne les blessures du sportif. Il est parfois spécialisé dans une partie du corps, comme le pied ou le genou.

• **kinésithérapeute** : il masse le sportif et s'occupe de sa rééducation s'il se casse un bras ou une jambe.

• **psychologue** : il aide le sportif à être mieux dans sa tête, à mieux supporter la peur de gagner ou de perdre.

Parfois, devant les buts, je pense à ma maman...

• **agent de joueur** : il s'occupe
de l'emploi du temps du joueur
et de ses contrats.

• **entraîneur** : il aide l'athlète
à améliorer sa technique
et son endurance.

• **moniteur** : il enseigne
des sports comme le ski
ou la voile.

Et le sportif professionnel ?

Il gagne sa vie avec le sport. Il prend sa retraite très
jeune, vers 35 ans. Ensuite, il exerce un autre métier.

Peut-on défendre des idées grâce au sport ?

Des millions de personnes regardent les grandes compétitions. C'est parfois l'occasion de faire passer un message.

Quatre médailles contre Hitler

En 1936, aux Jeux olympiques de Berlin, alors qu'Adolf Hitler affirmait la domination de la race blanche, l'athlète noir américain **Jesse Owens** le contredit en remportant quatre médailles d'or.

Deux poings levés

En 1968, aux Jeux de Mexico, les Américains Tommy Smith et John Carlos arrivent premier et troisième au 200 m. Sur le podium, ils brandissent le poing pour protester contre la **ségrégation raciale** aux États-Unis.

Le boycott

En 1980, les Jeux sont prévus à Moscou, en Russie. Pour protester contre l'invasion de l'Afghanistan par l'armée russe, les États-Unis **boycottent** les Jeux : ils décident de ne pas envoyer d'athlètes. Une cinquantaine de pays les imitent.

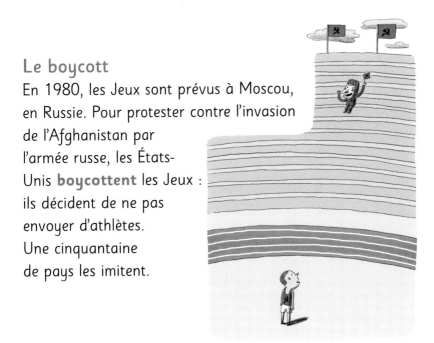

LE SPORT CONTRE LE RACISME

Depuis quelques années, des clubs de football font des actions à l'occasion de certains matchs en lisant un texte ou en portant un maillot contre le racisme.

QUIZ

1. Les premiers Jeux olympiques ont eu lieu :
a. en Grèce
b. en Égypte

2. Dans l'Antiquité, les femmes pouvaient concourir aux Jeux olympiques.
Vrai
Faux

3. Quelle est la devise des Jeux olympiques ?
a. Plus vite, plus beau, plus sport
b. Plus vite, plus haut, plus fort

4. Combien y a-t-il de sports aux Jeux olympiques ?
a. Une trentaine
b. Une centaine

5. Qu'est-ce que le skeleton ?
a. Une tête de mort pour faire peur aux adversaires
b. La luge la tête en avant

6. Comment s'appelait l'ancêtre du football et du rugby ?

    a. La soule

    b. La boule

7. À l'origine, le football se jouait aussi avec la main.

    Vrai

    Faux

8. Les règles du basket sont les mêmes aux États-Unis et en Europe.

    Vrai

    Faux

9. Le sumo se pratique :

    a. au Japon

    b. en Australie

10. On ne peut pas jouer au tennis en fauteuil roulant.

    Vrai

    Faux

11. Coche les trois sports qui forment le triathlon :
La natation
Le javelot
Le vélo
Le saut à la perche
La course à pied

12. Coche les trois sports collectifs :
Le handball
Le judo
Le basket
Le tennis
Le rugby
Le karaté

13. Quelle est la première catégorie d'âge dans un sport ?
a. Minimes
b. Oursons
c. Poussins

14. Que signifie EPS ?
a. Éducation physique et sportive
b. Éducation à la pratique du sport

15. Combien de médailles d'or a remporté
le Noir américain Jesse Owens en 1936 ?

    a. Deux

    b. Quatre

Réponses

1 a – 2 : faux – 3 b – 4 a – 5 b – 6 a – 7 : vrai – 8 : faux – 9 a – 10 : faux –
11 : natation, vélo et course à pied – 12 : handball, basket et rugby – 13 c –
14 a – 15 b.

DANS LA MÊME COLLECTION :

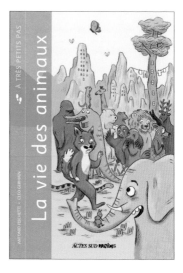

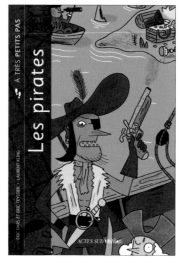

À TRÈS PETITS PAS

Le ciel

MICHÈLE MIRA PONS · ROBERT BARBORINI

ACTES SUD JUNIOR

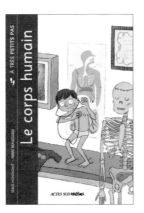

À TRÈS PETITS PAS

Le corps humain

SERGE MONTAGNAT · PIERRE BEAUCOUSIN

ACTES SUD JUNIOR

À TRÈS PETITS PAS

L'écologie

FRANÇOIS MICHEL · PHILIPPE GODARD

ACTES SUD JUNIOR

À TRÈS PETITS PAS

Les volcans

FRANÇOIS MICHEL · ROBIN

ACTES SUD JUNIOR

À TRÈS PETITS PAS

Les aliments

MICHÈLE MIRA PONS · MARION PUECH

ACTES SUD JUNIOR

À TRÈS PETITS PAS

Les inventions

VÉRONIQUE CORGIBET · LAURENT KLING

ACTES SUD JUNIOR

À TRÈS PETITS PAS

L'Égypte

ANNE-GROS DE BELER · AURÉLIEN ONIAT

ACTES SUD JUNIOR

À TRÈS PETITS PAS

La forêt

ACTES SUD JUNIOR

À TRÈS PETITS PAS

Les Indiens d'Amérique

SOPHIE LAMOUREUX · VINCENT CAUT

ACTES SUD JUNIOR